QUEBRA DE MALDIÇÃO

Uma prática supersticiosa?

CPAD

PAULO CESAR LIMA

QUEBRA DE MALDIÇÃO

Uma prática supersticiosa?

Copidesque: Leila Teixeira
Capa: Hudson Silva

239 - Apologética
Lima, Paulo Cesar
LIMq Quebra de Maldição: uma Prática Supersticiosa?
.../ Paulo Cesar Lima
1ª ed. - Rio de Janeiro: Casa Publicadora das Assembléias de Deus, 1999.
p. 72. cm. 14x21.

ISBN 85-263-0202-7

1. Apologética

CDD
239 - Apologética

Casa Publicadora das Assembléias de Deus
Caixa Postal [illegible]
20001-970, Rio de Janeiro, RJ, Brasil

7ª Edição 2006

SUMÁRIO

DUAS PALAVRAS

Pois todos os atenienses e estrangeiros residentes de nenhuma outra coisa se ocupavam senão de dizer e ouvir alguma novidade (At 17.21).

A superstição vem tomando o lugar da fé genuinamente bíblica nas clássicas reuniões neopentecostais. Infelizmente, muita gente egressa de seitas ocultistas, pela pressa de dar seu testemunho de conversão, terminam não passando por uma frente de discipulado integral e trazendo para o cenário cristão o mesmo tipo de comportamento medroso, tenso e penitente, que apresentava quando lidava com entidades demoníacas. Isso sem fazer a menor distinção, senão aquelas mais comuns, tais como: a troca do copo d'água pelo Salmo 91 aberto na cabeceira para afastar os maus presságios; a do defumador pela frase "o sangue de Jesus tem poder"; a das figas, amuletos e mandingas pela forma repetitiva "em nome de Jesus", sem contar com a expressão "tá amarrado!", à guisa de profilaxia espiritual. Como se vê, há pouca ou quase nenhuma mudança nessas pessoas. Elas continuam se comportando como se o poder de Jesus não fosse suficiente para libertá-las das forças espirituais da maldade.

Não é preciso ser analista social para detectar os sintomas patológicos ou possíveis patologias que se desenvolverão em alguns seguimentos evangélicos. Esses sintomas são tão aparentes hoje que se pode até medir a gravidade do problema. Alguns, supersticiosamente, sem prévia consulta à Palavra de Deus, estão mergulhando de cabeça nas experiências mais tortuosas e mirabolantes que se possam imaginar. Outros, sem mesmo entender o que está acontecendo ao seu redor, arriscam-se a experimentar a novidade pela sua proposta de solução imediata para os problemas da vida. Há também um número incontável de pessoas que pertence à geração oba-oba. Estão em todas; não perdem uma novidade.

A neurose coletiva que sobreveio ao povo evangélico no Brasil é alarmante. Muitos enlatados americanos e orientais com formas e idéias geniais têm sido incorporados pela maioria dos cristãos brasileiros sem o mínimo de critério. Eles não comparam tais comportamentos com as Escrituras Sagradas.

Tenho a nítida impressão de que dia a dia o povo se afasta mais do que é essencial para dar lugar ao secundário, ao menos importante, ao periférico, ao marginal. Sintomaticamente, estamos nos deixando fascinar pelas propostas do “faça fácil”, do rápido e do conveniente. Esses são, sem dúvida, os atalhos da vida dos quais Jesus nos preveniu.

TRANSFORMANDO “PEDRAS” EM “PÃES”

Estranhamente, de uns tempos para cá, a maioria dos cristãos — membros e líderes — vem prescindindo da coerência bíblica para dar lugar às formas mais espalhafatosas, esquisitas, extravagantes, exóticas e desmoralizantes de experiência. Não é que a experiência em si seja sem importância, mas o que está ocorrendo é absolutamente antibíblico, discrepante, tendencioso e incoerente. Hoje, as pessoas — a grande maioria — nem querem saber se o que estão experimentando é bíblico ou não. O importante é transformar "pedras" em "pães", ou seja, "venha o milagre de onde vier e de quem vier, contanto que venha o milagre".

A Palavra de Deus vem perdendo lugar para o místico-supersticioso. A maioria dos cristãos acredita só no que vê. Contudo, à luz da Bíblia, não é a experiência que determina o comportamento cristão, mas a Palavra. Logo, é inaceitável a inversão desse princípio divino.

Estamos preterindo o momento histórico mais importante da igreja evangélica, quando, pela primeira vez, conseguimos efetivamente participar das mudanças políticas de nossa nação, para dar lugar novamente ao cômodo quietismo verticalista, escapista e dualista que nos esconde estrategicamente dos embates e das confrontações. Continua sendo mais fácil para alguns oferecer uma oração a alguém necessitado do que agir com generosidade.

FAÇA A SUA PARTE

Parece mais fácil tornar o mundo tenebroso e jogar toda a culpa dos problemas nas costas do diabo, entorpecendo o povo quanto aos apelos sociais, do que analisar imparcialmente todas as situações, a fim de tomar as medidas necessárias no combate às injustiças sociais.

Imagine se aplicássemos à seca do Nordeste o princípio de que todos os territórios são ocupados por algum coisa-ruim, como denominaríamos o demônio que está ocupando essa região? Segundo os portadores da idéia de um mundo tenebroso, esse espírito mau seria chamado de Boca Ardente, ou coisa parecida. Todavia é só lembrar um pouquinho que o problema da seca do Nordeste advém da poderosíssima indústria da seca instalada naquele território. Suponho que ao invés de expulsarmos o demônio Boca Ardente do Nordeste, deveríamos antes de qualquer coisa providenciar a retirada dos empresários "bocas grandes" daquela sofrida região. Acredito que isso seria o mais sensato.

Meses atrás, ouvi uma pessoa dizer que os materiais de construção da sua igreja — cimento, brita, areia — estavam sendo roubados constantemente. Alguém, então, chamou o espírito que lá estava dominando a região de Mão Leve. O hilário dessa história é que chegou ao nosso conhecimento a informação de que o local onde ficavam os materiais da citada igreja era "escuro", "totalmente aberto", "não havia guarda", e, detalhe: ficava em lugar isolado. Diante de tal facilidade, não precisa nem de ter Mão Leve para roubar.

Esse fato me faz lembrar de uma história que foi contada por um certo pregador. Ele disse que numa determinada cidade americana havia uma igreja que estava sendo roubada quase que diariamente. Os ladrões estavam levando aos poucos toda a mobília do santuário, além dos aparelhos de som e outras coisas. O pastor, preocupado, começou a pedir insistentemente aos irmãos, membros da igreja, que fizessem orações de fogo e jejuns, a fim de que Deus não permitisse aquela situação. Os irmãos e o ministério se uniram e começaram uma verdadeira cruzada de oração e jejum. Oravam de manhã e à tarde, mas à noite eram roubados. E parecia que o jejum e a oração não estavam fazendo efeito. Procuraram, então, se consertar com Deus, pois raciocinaram que se o jejum e a oração não estavam trazendo solução ao problema, deveria haver algum pecado não confessado entre eles. Persistiram em buscar a Deus, mas tudo em vão. A essa altura da história, o templo já estava praticamente vazio.

Certo dia, um humilde diácono da igreja quase foi apedrejado quando aventou a possibilidade de se chamar a polícia. A igreja, numa só voz, criticou-o por sua proposta infame e por sua falta de fé. Porém, depois de muita tentativa inglória, tiveram que ceder ao conselho do diácono "incrédulo". Chamaram a polícia. Três homens fardados entraram no templo e, após exame minucioso de todas as partes internas e externas do santuário, voltaram ao pastor com as seguintes recomendações ou instruções: 1) acender a luz; 2) colocar alarme; 3) pôr vigia. Pronto. A igreja parou de ser assaltada.

Como observa o leitor, se a igreja não tomasse as providências que lhe cabiam, com toda oração e jejum que pudesse fazer, continuaria sendo vítima dos assaltantes. Agora, quando tomamos todas as precauções devidas e as coisas continuam a acontecer, então só com jejum e oração. O que estou tentando dizer ao leitor é que a porta de madeira nós temos que abrir, porque a de ferro Deus abre.

NEUROSES, MANIPULAÇÕES E IMPORTAÇÕES

O grupo que vem transformando o mundo num armagedom espiritual, onde forças invisíveis do bem e do mal se digladiam todo o tempo, criou uma neurose coletiva onde indefesos cristãos vêm se metamorfoseando em "caça-fantasmas" ambulantes, afastando maus presságios, mandingas, demônios imaginários e outros bichos semelhantes de casas, quadros, esculturas, painéis, enfim, de qualquer coisa com fisionomia, rosto ou cara estranha. Parece que era tudo o que queriam: a transferência de suas culpas para as costas do coisa-ruim. Foi tão bem-vinda a nova idéia que ganhou ibope e adesão imediata, alastrando-se por todo país. A situação chegou a um nível tão patológico que um grupo de líderes evangélicos, reunido numa conferência sobre "guerra espiritual", incentivou o povo cristão a pedir perdão aos índios pelo roubo das suas terras e pelo que fizemos aos negros na época da escravidão, a fim de que Deus pudesse tirar a maldição da terra. Isso significa que o sacrifício de

Jesus não foi completamente suficiente, então Ele precisa de nossa ajuda. Que absurdo!

Em suma, os defensores da chamada "guerra espiritual", mesmo lendo na Bíblia que Jesus venceu definitivamente o diabo na cruz e, de forma triunfante, o expôs à vergonha da derrota, vivem como se esse fato não fosse real. Mas Paulo declara: "E, despojando os principados e potestades, os expôs publicamente, e deles triunfou em si mesmo" (Cl 2.15).

Fundamentalmente, devemos entender que Satanás não é dono de nada. Ele apenas, como grande mentiroso que é, insinua-se como tal. Mas o Senhor absoluto desta terra é Deus. Por isso, a oração do Pai Nosso nos ensina a dizer: "Porque teu é o Reino, e o poder, e a glória, para sempre. Amém!" (Mt 6.13). Será que isso não é suficiente para acreditarmos que os reinos deste mundo pertencem eternamente a Deus?

Acho que os propagadores da "guerra espiritual" deveriam estudar mais a doutrina da soberania de Deus na Bíblia, para descobrir quem é que manda de fato neste mundo. E, ao invés de exorcizarem o diabo dos lugares aparentes, deveriam policiar aquelas áreas muitas vezes esquecidas, tais como: a língua, a falta de caráter, o orgulho, a injustiça e tantas outras, nas quais o diabo vem se manifestando.

Como se não bastasse essa "loucademia de cristãos a postos", ainda há o grupo que importou a insidiosa "maldição hereditária". O pior é que essa maneira reencarnacionista de tratar os problemas pessoais tem sido aceita por diversos segmentos cristãos. Ainda há o grupo avançado da "cura interior" que, por seu turno, esmera-se em escavar porões de consciências marcadas por um passado remoto à procura da resolução de traumas, ressentimentos, rejeições e inibições através de orações mágicas, regressões, repouso espiritual etc. Afora esses, passaram por nós de forma meteórica os "anjos odontológicos" que distribuíam espelhinhos para que as pessoas confirmassem o milagre dos dentes de ouro. O grande problema com esse grupo é que entristeceram muita gente que não precisava de dente e muito menos de ouro.

Por último, encontramos um grupo linha-de-frente que não está interessado em que ninguém fique de pé — querem ver todo mundo deitado. Primeiro *fanerosis* ("manifestação"), depois cair no bálsamo, agora, repouso espiritual. O modismo só troca de nome, mas é o mesmo.

O que esses grupos estão fazendo com o sacrifício de Jesus e com a soberania de Deus é imperdoável.

APRESENTAÇÃO

Pois todos os atenienses e estrangeiros residentes de nenhuma outra coisa se ocupavam senão de dizer e ouvir alguma novidade (At 17.21).

O comportamento de alguns grupos evangélicos vem apenas corroborar a sofrível idéia de que com a Bíblia se pode provar tudo o que se quer. Embora seja patético aceitar tal assertiva, é o que mais acontece hoje, pelo fato de saber-se que o que dá ibope, mesmo no meio evangélico, é a quantidade de experiências místicas que uma novidade pode trazer. Por isso, a cultura adotada por vários grupos pentecostais na atualidade é a emoção, que nutre uma interpretação quase sempre sentimentalista e espiritualista dos textos bíblicos, trazendo equívocos e atitudes confusas ao povo de Deus.

Antes de prosseguir, gostaria de dizer, a título de esclarecimento, que este livro não tem por objetivo, em hipótese alguma, atacar valores pessoais ou líderes de caráter, homens probos, ilibados, coerentes servos de Deus, que não medem esforços para preservar o Evangelho de nosso Senhor Jesus

Cristo em sua total inteireza e veracidade. Posto isso, quero deixar bem claro que o livro não se dirige a estes.

Por outro lado, o objetivo do livro é denunciar práticas absurdas e exageradas, bem como alertar os leitores para se precaverem de métodos apelativos, comportamentos antibíblicos e modismos espiritualistas que hoje vêm fazendo parte da cultura evangélica. A postura do trabalho não é a de atacar pessoas, mas, sim, idéias equivocadas.

São, portanto, quatro os objetivos que me levam a escrever este livro. Observemos:

1. Denunciar a teologia do medo, que vem sujeitando milhares de pessoas às mais grotescas, vergonhosas, ultrajantes e absurdas práticas supersticiosas, chamando a atenção do povo evangélico para comparar determinadas atitudes hoje aceitas como bíblicas, e, a partir daí, procurar a coerência; isso porque "nem tudo que reluz é ouro".

2. Alertar o povo de Deus sobre comportamentos ligados a uma ótica extremamente irresponsável e reducionista de resolver todos os problemas da vida com a expressão "*vade retrum* Satanás!"

3. Mostrar aos leitores a forma como determinadas práticas estão sendo feitas, extrapolando até o limite de permissão para o uso de experiências místicas.

4. Apontar aos leitores o perigo de uma neurose coletiva de proporções insustentáveis para a Igreja, a partir de que se comece a aceitar, sem nenhuma avaliação bíblica, métodos e formas absolutamente extrabíblicos. Ora, convenhamos, do ponto de vista de Deus, os fins jamais justificarão os meios.

Se o leitor levar a sério as verdades bíblicas que são analisadas neste livro, jamais terá dúvidas acerca da abrangência do sacrifício de Jesus e do seu poder libertador, que nos livrou para sempre de toda a maldição que era contra nós. Também nunca mais viverá sob a pressão e a tensão de pensar que as palavras têm o poder mágico de amaldiçoar alguém. Em outras palavras, a leitura deste livro certamente dará ao leitor maturidade e base para comparar as novas modalidades de experiências pentecostais com o que diz a Palavra de Deus, nunca esquecendo o princípio bíblico que nos adverte: "Toda experiência cristã deve ter a Palavra de Deus como seu referencial, a partir de uma exegese verdadeira e coerente".

Sobre a questão se há ou não linha de maldição que passa de geração a geração, é melhor que o leitor confira em Ezequiel:

> Os pais comeram uvas verdes, e os dentes dos filhos se embotaram? Vivo eu, diz o Senhor Jeová, que nunca mais direis este provérbio em Israel (Ez 18.2,3).

O Autor

INTRODUÇÃO

Há alguns anos, após ter dado uma aula sobre escatologia num seminário teológico, em Niterói, fui abordado por uma jovem senhora, aluna do seminário onde eu era professor. Em princípio, pensei que seria mais uma daquelas costumeiras perguntas, do tipo: "Quem é o anticristo?" Ou: "Quais são as nações que representam os dez dedos dos pés da estátua profética do livro de Daniel?" Ou ainda: "Quem é a besta do apocalipse?" Grande foi o meu engano. A jovem, com os olhos cheios de lágrimas, começou a falar e, num esforço hercúleo, indagou:

— Pastor, pode um pai passar uma herança comportamental maldita para o filho contra a qual seja impossível lutar?

Fiquei admirado com a pergunta, mas percebi a sinceridade de quem a fazia. Deixei-a continuar.

Ela disse:

— Professor, meu esposo tem os mesmos trejeitos, os mesmos vícios, os mesmos hábitos do pai, e não vejo como isso pode mudar.

Continuei sem entender muito bem aonde aquela jovem queria chegar, falando daquela forma. Então, repentinamente, pôs-se a desabafar:

— Meu esposo me traiu. — Mas ressalvou: — Eu já o perdoei!

Ao revelar esse segredo, senti que a história estava inacabada e que precisava me preparar para uma resposta muito difícil. Dessa forma, quebrei o mal-estar causado pela sua última colocação, fazendo-lhe a seguinte pergunta:

— Seu marido é um cristão?

— Sim — respondeu velozmente, com tom de seriedade. Achei a resposta ainda incompleta, mas antes mesmo que pudesse fazer qualquer outra ponderação, interrompeu-me:

— Ele é cristão, mas parece muito com o pai.

Descobri, então, que o problema do esposo tinha tudo a ver com a existência do seu sogro.

E, de chofre, ela concluiu:

— Meu receio, pastor, é que o meu esposo faça a mesma coisa que seu pai. Ele traía a minha sogra constantemente e lhe pedia perdão.

Após essa triste revelação, ela terminou o assunto com uma pergunta extremamente desconcertante:

— Pastor, disse ela, não existe nenhuma oração que se possa fazer para desfazer a maldição hereditária que ronda a vida do meu esposo?

Puxa! Qualquer pregador de maldição hereditária, se estivesse em meu lugar, ganharia o dia. A primeira coisa que faria é o que normalmente todos fazem: mandaria a pobre senhora orar e jejuar para descobrir a linha maldita de ligação entre o seu esposo e o seu sogro. Depois a colocaria de prontidão às madrugadas para pedir a libertação do seu esposo. Ato contínuo, mandar-lhe-ia jogar fora todo e qualquer objeto que o seu esposo guardasse como lembrança do pai. Finalmente a incentivaria a pronunciar repetidas vezes palavras de bênção sobre seu esposo. É mais ou menos assim que acontece nas reuniões evangélicas que têm como tônica a quebra de maldições hereditárias. Essa, confesso, foi a primeira vez que tive contato direto com o assunto "maldição hereditária", o qual se tornou a "coqueluche" em algumas culturas neopentecostais emergentes, juntamente com a cura interior, desligamentos, regressões etc.

O que tenho lido e ouvido nestes últimos anos são as mais chocantes, esdrúxulas e heréticas colocações sobre o tema "bênção e maldição". Estranhamente, a maior parte dos escritores lidos por mim até aqui, salvo raríssimas exceções, não se esmerou em fazer uma exposição teológico-exegética satisfatória, respeitando as leis mais elementares que regem a hermenêutica bíblica.

Tenho por certo que o elemento bíblico, nesse tema, está mais uma vez sendo mal interpretado, distorcido. Isso aliado à irresponsabilidade de alguns ensinadores que, no afã de demostrarem ao povo sua "nova" descoberta, colocam a Palavra de Deus como co-autora dos seus equívocos teológicos.

Do exposto, gostaria que o leitor nos acompanhasse nesta reflexão, onde estaremos analisando, do começo ao fim deste livro, os diversos erros cometidos por aqueles que ousaram escrever sobre o assunto sem o menor critério bíblico, levando o povo de Deus ao abominável comportamento do misticismo supersticioso.

Estudaremos, em seqüência, toda a evolução histórico-bíblica sobre o tema "maldição", desde o Antigo até o Novo Testamento, sublinhando, é lógico, os vários senões cometidos por aqueles que persistem em interpretar a Bíblia sem sincronia, ou seja, não remetendo ao contexto histórico a que os fatos estão ligados.

CAPÍTULO UM

ENTRE A SUPERSTIÇÃO E A REVELAÇÃO

Os que lêem a Bíblia distanciando-se do contexto cultural em que alguns livros do Antigo Testamento foram escritos jamais entenderão a evolução por que passaram alguns indivíduos e o próprio povo de Deus, Israel, que se originou de culturas extremamente demonizadas.

Se lemos as Escrituras sem prestar atenção à cultura em meio a qual o povo de Deus viveu no Antigo e no Novo Testamento, a fim de separar a superstição da revelação, tornamo-nos presa fácil de um misticismo supersticioso que, quase sempre, contextualiza os episódios bíblicos sem levar em conta o seu pano de fundo histórico-cultural. Agindo desse modo, deixaremos também de entender o processo de despoluição pelo qual passou Israel, povo acostumado às práticas mais insanas, demoníacas e abomináveis, antes de conhecer o Eterno. Ora, convenhamos, não é porque algumas coisas são encontradas na Bíblia que devemos crer nelas e praticá-las. Temos que aprender a separar o trigo do joio sem interferir na revelação de Deus, que, freqüentemente, aparece no Antigo Testamento misturada a um turbilhão de culturas extremamente paganizadas.

A Bíblia fala sobre "lançar sorte". Ora, se não compreendermos o sentido exato dessa prática dentro da cultura judaica, pensaremos que a Bíblia está abrindo concessão para o jogo. No entanto, "lançar sorte" para um judeu não era ficar ziguezagueando entre a sorte e o azar em relação a seus resultados. A prática em Israel era regida por critérios bem definidos. O fundamento da prática de lançar sorte relaciona-se ao fato de que só acontecia quando se desejava conhecer a vontade de Deus. Isso porque a resposta, fosse ela qual fosse, era sempre a de Deus. Essa prática perdurou até os dias dos apóstolos, mais especificamente até a escolha de Matias, que ocupou o lugar vago deixado por Judas Iscariotes. Depois disso, a Bíblia não faz mais nenhuma alusão a essa prática na igreja.

Um outro bom exemplo era a preferência de Abraão pelos carvalhos de Moré. O termo hebraico *moreh* aqui é locativo, indicando uma região, mas é o mesmo termo para "mestre" "instrutor" e "adivinho". Parece ter sido um local de adivinhos. O livro de Juízes 9.37 traz a expressão "carvalho de *Meonemi*, isto é, "carvalho dos adivinhos". Os carvalhos tinham um significado profundamente religioso para os cananeus. Eram árvores estimadas pela sua altura e folhagens. Os pagãos levantavam altares idólatras à sombra delas. Os profetas cananeus, por sua vez, sentavam-se sob os carvalhos para ouvir o vento passar por suas folhas, interpretando o som como revelação de suas divindades.

Abraão não é idólatra nem ouve vozes de pseudodivindades nos carvalhos. O texto bíblico é preciso: "E apareceu o Senhor" (Gn 12.7). Contudo, observe a tendência de alguém que é recém-egresso da superstição. Para onde Abraão se dirigiu por várias vezes para ouvir a voz de Deus? Isso acontecia porque o patriarca ainda estava evoluindo no seu conhecimento sobre o Eterno.

Temos que tomar cuidado para não aceitar como sendo de Deus o que, muitas vezes, é apenas projeção da nossa mentalidade supersticiosa.

Podemos citar também o episódio que se deu entre Jacó e o seu sogro Labão, que o perseguiu em busca de seus terafins (deuses familiares) os quais Raquel, nora de Isaque, havia-lhe roubado (Gn 31.33,34). Percebam que Deus não a castigou por portar aqueles ídolos. Deus *tolerou* tal prática, até que o povo finalmente a abandonou.

Ainda podemos salientar as varas verdes de estoraque, de amendoeira e de plátano que Jacó descascara, a fim de que seu rebanho concebesse diante delas crias listradas, salpicadas e malhadas (Gn 30.37-43). Com isso, ele enganou Labão e ficou rico. A única diferença entre Jacó e um pagão inveterado da sua época é que o filho de Isaque fazia o que fazia, mas não sob as trevas de uma implacável superstição, e sim como fato contingente de quem ainda não conseguira transcender os hábitos, costumes e as múltiplas configurações sócio-religiosas de sua época.

E quem é que pode julgar Abraão ou Jacó se ainda hoje, sabendo o que já sabemos da verdade de Deus, continuamos presos a certas superstições? Quem é que, no início da carreira cristã não ficou, por um bom tempo, usando a receita de "simpatia" da avó ou da mãe, ou desvirando sapatos e chinelos? Era o que acontecia com os homens do Antigo Testamento que, aos poucos, foram tendo o conhecimento da revelação de Deus e deixando, assim, a superstição.

Essas e outras práticas muito comuns na época do Antigo Testamento têm que ser levadas em conta, para evitar os grandes erros de interpretação que vêm acontecendo no meio cristão. Até porque nós mesmos, hoje, conquanto tenhamos a revelação escrita de Deus em nossas mãos, por vezes nos vemos envolvidos em hábitos extremamente supersticiosos. Por exemplo, quando acreditamos que o Salmo 91, aberto na cabeceira de nossa cama, pode nos trazer segurança; quando reputamos que a oração no monte tem mais eficácia do que aquela que é feita dentro de um quarto; quando aceitamos como verdade o jejum prolongado como meio de resolver problemas difíceis; quando apostamos, com a vida, que a passada de um óleo numa doença é a mais contundente forma de cura; quando oramos de portas fechadas, para evitar que "espíritos malignos" entrem em nossa casa e perturbem nossa oração; quando oramos a Deus com a boca fechada, a fim de que o diabo não escute o que estamos falando; quando dormimos empacotados para que Deus, ao nos visitar à noite, não se entristeça; quando desenvolvemos um caráter cristão amedrontado, tenso e profundamente atormentado por acreditarmos que uma palavra proferida aleatoriamente pode nos trazer maus presságios e maldições; quando acreditamos num sabonete ungido, numa rosa ungida; quando aceitamos beber da água do rio Jordão, como se ela tivesse algum poder para nos curar; quando pensamos que podemos amarrar o diabo através de um "tá amarrado!"; quando trocamos a leitura sistemática e regular da Palavra de Deus pela "caixinha de promessas" etc.

Estou tentando mostrar ao leitor que é extremamente perigoso não entender esse aspecto na leitura das Escrituras, para saber definir o que fazia parte de uma prática supersticiosa tolerada e o que de fato era obra de Deus. Esses e outros fatos bem mais absurdos fazem parte da vida cristã de muita gente que até hoje não aprendeu a viver a graça de Deus e, por isso, não obstante terem sido libertos por Cristo, vivem como se ainda estivessem em trevas.

LIBERTOS DA SUPERSTIÇÃO

À medida que o homem vai se aproximando da verdade de Deus, a superstição, com todas as suas prisões psicológicas, desaparece de sua vida. Jesus Cristo tinha razão ao dizer:

> E conhecereis a verdade, e a verdade vos libertará (Jo 8.32).

A sombria idéia que os povos primitivos tinham sobre a maldição, como "uma palavra carregada de poder mágico para destruir pessoas", é totalmente esvaziada, uma vez que o povo vai se inteirando da revelação de Deus. No capítulo seguinte, vamos estudar alguns desses exemplos no Antigo Testamento; a partir dos quais verifica-se nitidamente essa evolução, até ao ponto da superstição ser plenamente banida pela revelação divina.

CAPÍTULO DOIS

A CULTURA DO MEDO

Os povos primitivos interpretavam uma maldição como sendo palavras duras proferidas com o intuito de destruir, geralmente com a idéia de que forças extraterrestres, demoníacas ou divinas eram invocadas para tornar a maldição efetiva.

Com o passar do tempo, a superstição já estava tão impregnada nos povos primitivos que, como meio de defesa contra roubo e violação de sepulcros, escrevia-se, no Egito, na Fenícia e na Grécia, fórmulas de maldição em sarcófagos; na Babilônia, escrevia-se também nos marcos (Dt 27.17).

Nos antigos tratados orientais, na maior parte das fórmulas de aliança ou submissão, é ameaçado com a maldição dos deuses, guardiões da aliança, quem romper o contrato.

Uma maldição era encarada como arma dos oprimidos: de um escravo falsamente acusado (Pv 30.10), de um pobre faminto (Pv 11.28) ou de quem era explorado por um agiota (Jr 18.10). Para descobrir a infidelidade de uma mulher sob suspeita de adultério, faziam a acusada beber a água da maldição — ou da purificação.

Levava-se tão a sério essa questão de maldição que, ainda nos tempos dos juízes, amaldiçoava-se um ladrão para forçá-lo a confessar (Jz 17.2). Acreditava-se também que uma maldição, uma vez proferida, devia se cumprir, ainda que fosse depois de longos anos (Jz 9.20,49,56).

Esse tipo de comportamento estava tão arraigado na vida do povo que Deus, para aliviar os temores dos homens, assinala algumas proibições, não porque admita que uma maldição proferida possa pegar, mas porque sabe que alguém que vive debaixo de superstição faz o falso tornar-se verdadeiro. Porém, o leitor não pode esquecer que essas coisas vão desaparecendo com o tempo, à medida que o povo vai conhecendo a revelação de Deus.

PROIBIÇÕES E TOLERÂNCIAS

Certas maldições verbalizadas foram estritamente proibidas, visando, num primeiro momento, resguardar o povo contra a sua própria crença supersticiosa. Portanto, se você acredita que algo de ruim pode ocasionalmente lhe acontecer pelo fato de alguém lhe rogar praga, com certeza isso lhe afetará psicologicamente, assim como o contrário também é verdadeiro.

A ironia disso tudo é que há pessoas que estão até hoje presas por um "Deus te amaldiçoe!" Tal expressão talvez tenha sido proferida por um líder de ânimo exaltado e, em razão disso, alguns evangélicos vivem amordaçados a essa palavra como se o seu destino tivesse sido determinado a partir daí. Mas a verdade das Escrituras Sagradas é que nenhum homem — seja ele quem for — tem o poder de amaldiçoar uma pessoa com palavras imprecatórias, no sentido de mudar o seu destino e o dos seus descendentes, como se fosse uma divindade. Isso é pura ingenuidade de quem amaldiçoa e absoluta imaturidade de quem se sente, afinal, amaldiçoado.

Portanto, foi por esses e outros motivos que Deus resolveu abrandar as tensões dos que viviam sob a cultura do medo, determinando algumas proibições. Vejamos: a) amaldiçoar pai e mãe (Êx 21.17); b) amaldiçoar um surdo (Lv 19.4); c) amaldiçoar os líderes do povo (Êx 22.28); d) amaldiçoar a Deus era pecado, castigado com a morte, o que também ocorria no caso de maldições contra os próprios pais (Lv 24.10,11); e) amaldiçoar o rei ou os ricos, lembrança feita pelo escritor de Eclesiastes (Ec 10.20).

Essas proibições são medidas "estanques" que não dão solução à superstição, mas restringem a cólera dos homens até a assimilação total da revelação de Deus.

UMA CONCEPÇÃO ANTIGA TRANSFORMADA

Para os antigos, uma palavra não era meramente um som que saía dos lábios, mas uma pessoa, um agente enviado; assim também criam que a maldição proferida era um agente ativo que fazia dano. Acreditava-se que, por trás das palavras, estava a alma de quem a criara. Com o passar do tempo, no entanto, começaram a entender que a palavra que não fosse baseada em qualquer capacidade espiritual de realização tornar-se-ia em vã palavra (2 Rs 18.20). Contudo, continuavam crendo que, dependendo da condição espiritual da pessoa que falava, sua palavra se revestia de poder (Ec 8.4; 1 Cr 21.4).

Todavia, observem a evolução do povo em relação à revelação divina. Apostava-se que qualquer um podia abençoar ou amaldiçoar pessoas. Mas, nessa outra fase de sua história, o povo começa a ter uma outra concepção sobre o assunto.

Percebe-se, a partir dessa nova perspectiva, que os israelitas — principalmente eles — começaram a evoluir e a desenvolver a idéia de que só a Palavra de Deus tem o poder de abençoar e amaldiçoar (Nm 23.8). Com efeito, passaram a proferir suas maldições em forma de orações imprecatórias, rogando praga sobre a cabeça dos ímpios, como muitas vezes fez Davi. Isso porque todo o povo estava consciente de que não podia obrigar a Deus, mas podia movê-lo através de suas súplicas. A partir daí, a maldição passa a não mais ser vista como oriunda de uma palavra forte, uma execração de efeito mágico. Isso se conclui pelos seguintes fatos bíblicos. Analisemos:

1. Deus frustra, pela sua bênção, uma maldição já proferida (Dt 23.6; Ne 13.2; Sl 109.28).

2. Ele livra da maldição o seu protegido (2 Sm 16.12) e o justo que não a merece (Pv 16.2).

3. Deus imuniza o humilde contra a maldição (2 Sm 16.12).

4. Deus muda em maldição a bênção de um sacerdote indigno (Ml 2.2).

5. Sobre o ímpio vem a maldição de Deus, sobre o piedoso, a sua bênção (Pv 3.33).

6. A eficácia da maldição depende do querer de Deus para se realizar.

Assim, a crença numa maldição irreversível e irrevogável vai perdendo em Israel o seu caráter mágico, à medida que o povo vai tomando maior conhecimento das verdades de Deus.

É preciso ressalvar que a expressão "maldição" não tem a ver tão-somente com uma palavra que é proferida por alguém, mas abrange vontades, atitudes e um somatório de comportamentos de quem reúne todos os esforços para ver destruída uma pessoa.

Uma criança, por exemplo, pode ser afetada psicologicamente pelos maus tratos verbais que recebe de seus pais. Ao passo que é bem verdade também que, às vezes, a mesma situação, na vida de outra criança, pode causar efeito contrário.

O filho sempre reprovado pelos pais pode ser motivado, em alguns casos, a agir de forma diferente, como uma resposta-desabafo a quem sempre lhe agrediu. Razão por que não se pode tornar absoluto nem uma coisa nem outra. Todavia, o melhor mesmo e o mais recomendável é que os pais tratem seus filhos com todo carinho, através de palavras estimuladoras e atos de amor.

Agora, ninguém pode afirmar que as palavras, embora saiba o poder de sua influência, transformam magicamente uma pessoa boa em má ou vice-versa. Acredito, sim, que se qualquer casal insistir em desvalorizar e desapropriar os sonhos de seu filho com palavras e atitudes ríspidas, criará uma criança plenamente desequilibrada. Por outro lado, acredito também que qualquer casal que, dirigido por Deus, souber trabalhar e incentivar os sonhos de seus filhos, motivando-os sempre com palavras proféticas, à semelhança de Jacó, dará a criança um referencial de vida e uma definição na sua jornada existencial.

CAPÍTULO TRÊS

BÊNÇÃOS E MALDIÇÕES SOB TOM PROFÉTICO

Mesmo os patriarcas do Antigo Testamento, como Abraão, Isaque e Jacó, que reuniam funções sacerdotais e proféticas bem definidas, não eram auto-suficientes para abençoar ou amaldiçoar ninguém. Quando se pronunciavam nesse sentido — como o caso específico de Samuel — o faziam apenas como porta-vozes da sentença divina, não tendo nenhum poder para modificar, influenciar ou desfazer a mensagem. No entanto, é preciso salientar que, quando os patriarcas amaldiçoavam ou abençoavam alguém, muitas vezes o faziam como resultado de uma profunda alegria, outras vezes como produto de observações, outras ainda por impulso raivoso, violento e exacerbadamente vingativo, ou ainda por estarem imbuídos de inspiração divina, mas isso não quer dizer que a todos os pronunciamentos de bênção e maldição Deus batia o martelo. Absolutamente.

Sobre as duas vertentes comentadas acima: sob tom profético, o juízo de Deus não pode ser modificado nem influenciado, como também nem todas as bênçãos e maldições proferidas têm a chancela divina. Temos duas ilustrações bíblicas que esclarecem esse ponto de vista.

O caso do profeta Samuel ilustra bem a primeira colocação. Ao entregar a mensagem de Deus a Saul, dizendo-lhe da reprovação divina ao seu ato e que, por isso, fora preterido por Deus como rei de Israel, bem como todos os seus descendentes, Samuel tenta recuar e, mais tarde, procura intervir na sentença divina. Mas Deus lhe ordena que pare, porque já havia rejeitado Saul. Como se vê, uma maldição sob tom profético não pode ser influenciada, modificada ou desfeita.

O episódio ocorrido com Jacó e seus filhos ilustra a segunda parte do nosso arrazoado. Ao abençoar os seus filhos pronunciou-se, pelo menos em relação a alguns, apenas como um pai observador; a outros, contudo, deixando-se tocar pela brisa do Espírito Santo, falou de coisas desconhecidas, misteriosas e futuras que haveriam de acontecer em suas vidas.

Não nos esqueçamos, entretanto, de que se abençoa não apenas com palavras, mas com atitudes de justiça, amor, solidariedade, e conduzindo alguém à fonte da vida — Deus. Assim também não se amaldiçoa espraguejando, maldizendo, mas com atos de injustiça, violência, egoísmo, e omitindo verdades essenciais para a vida.

A maldição de Noé sobre os descendentes de Cam (Gn 9.25-29). Noé, ao pronunciar palavras de maldição sobre Canaã e de bênção sobre Sem e Jafé, estava apenas externando sua indignação como resultado de um momento de ira, uma vez que, historicamente, os descendentes de Canaã nem sempre estiveram sob o domínio dos filhos de Sem e Jafé.

A maldição de Jericó (Js 6.25; cf. 1 Rs 16.34). Ao entrar vitoriosamente na terra de Canaã, o que Josué proferiu não foram palavras de sua competência, mas o juízo que era da total responsabilidade de Deus, ou seja, Josué estava sendo apenas porta-voz da sentença divina, que liga a bênção à obediência e a maldição à desobediência.

Temo por alguns que, baseados em alguns episódios isolados do Antigo Testamento, acham que têm competência para fazer alguma coisa acontecer a alguém que embargue seu caminho, através de execrações. Isso é absurdum ignorancie.

Lembremo-nos de que a maldição não é uma palavra regada de um poder sobrenatural que faz com que as coisas aconteçam, e cuja tendência é de passar de geração a geração.

Até os mais remotos povos da Bíblia chegaram à conclusão de que só Deus pode abençoar ou amaldiçoar. Isso quer dizer que ninguém tem sequer o direito de pensar de forma diferente, sob pena de estar cometendo as maiores distorções hermenêuticas. Pois, segundo a Bíblia Sagrada, abençoar e amaldiçoar são da competência exclusiva de Deus (Dt 11.26-32).

A maldição proferida por um profeta estranho sobre Eli e todos os seus descendentes (1 Sm 2.27-36). Eli, após uma série de transgressões cometidas pelos seus filhos e por ele acobertadas, recebe a visita imprevisível de um profeta anônimo, que profere sobre ele e toda a sua descendência a sentença divina. Esse profeta não tinha o poder de abençoar ou amaldiçoar, apenas foi porta-voz do juízo de Deus sobre a casa do sacerdote omisso. De igual modo, a igreja não tem o poder de fechar ou abrir a porta do céu para quem quer que seja. Ela apenas declara o que já está previsto acontecer com os que escolhem o seu destino. A palavra pregada pela igreja, pelo fato de levar o homem a uma decisão, torna-se agente profético de bênção para os que a aceitam e de maldição para os que a rejeitam. Esse é o sentido de abrir e fechar a porta do céu.

A maldição sobre quem maltrata os servos de Deus (Gn 12.3). A razão de ter escolhido esse subtítulo é porque me sinto na responsabilidade de esclarecê-lo devido a uma centena de distorções que vêm sendo praticadas, transformando os carismas de Deus em instrumento de perversidade.

Tenho ouvido os mais terríveis disparates sobre essa questão. Vai de um "Deus te amaldiçoe!" a um "Deus vai pesar a mão!"

Infelizmente, a maioria dos líderes evangélicos vive uma espiritualidade impiedosa e perversa. "É uma espiritualidade que os fazem semelhantes a chefes de terreiro — aquele que é contra nós, 'Deus vai castigar!...'"[1]

Tenho a impressão de que os propagadores dessa idéia não saibam que no Novo Testamento a palavra e o exemplo de Jesus proíbem terminantemente amaldiçoar perseguidores e inimigos (Mt 5.38-48; Lc 23.34; At 7.59). Porquanto Jesus nos manda amar os inimigos (Mc 5.44; Rm 12.14,20), reconciliarmo-nos com eles (Mc 11.25) e perdoar-lhes as ofensas (Mt 6.14; 18. 21-35), para que assim sejamos semelhantes ao Pai celeste que faz nascer o sol sobre os bons e os maus (Mt 5.45).

Acerta o escritor Ricardo Gondim[2] quando diz que a verdadeira maldição não é a que se pronuncia com os lábios, mas o sentimento que origina a sentença. Porque a palavra que amaldiçoa nasce de um coração azedo, apodrecido de amargura. Portanto, o grande prejudicado quando há maldição é o sujeito da ação, e não o objeto. Por isso, a grande preocupação da Bíblia não reside no fato de uma maldição pegar ou não, mas na reação carnal das pessoas que desencadeia a vontade de destruir.

Quanto às palavras de Gênesis 12.3: "E abençoarei os que te abençoarem e amaldiçoarei os que te amaldiçoarem", elas deixam bem claro que é de Deus, e só dEle, o poder de abençoar e amaldiçoar uma pessoa. Também é Deus quem estabelece jurisprudência sobre quem está realmente fazendo por onde ser abençoado e quem faz por merecer o seu juízo. E mais, o texto deixa evidente que não precisamos nos defender execrando e espraguejando, pois Deus sai em nossa defesa. Posto isso, lançar mão do "Deus vai pesar a mão" com base nesse texto é verdadeira temeridade. Até porque, no Novo Testamento, a proibição é bem clara quanto ao assunto.

---

[1]FÁBIO, Caio. *Batalha espiritual.* Rio de Janeiro: Vinde, s.d.
[2]GONDIM, Ricardo. *O Evangelho da nova era.* São Paulo: Abba, s.d.

CAPÍTULO QUATRO

DEFINIÇÕES EQUIVOCADAS

O primeiro erro cometido por alguns escritores do tema "bênção e maldição" — o que denomino erro essencial — está na definição que dão às palavras "bênção" e "maldição".

Definir, por exemplo, que uma bênção ou maldição consiste em palavras carregadas de autoridade ou de um poder sobrenatural, que fazem com que as coisas aconteçam, e cujas tendências passem de geração a geração, seja para o bem, seja para o mal, é lançar o povo nas mais profundas trevas da superstição; é "psicotizar". Todavia, pior do que essa definição é aquela que diz que maldição é a autorização dada ao diabo, por alguém que exerce autoridade sobre outrem, para causar dano à vida do amaldiçoado. Isso é magia negra, macumbaria, demonismo.

Definições tão disparatadas como essas não podem gerar outra coisa senão um povo de comportamento amedrontado, esquizofrênico e de preocupações patológicas acentuadas. Primeiro, porque quando se admite que uma palavra tenha em si mesma potencialidades definitivas para fazer e criar o bem ou o mal, admite-se também que qualquer um tem a possibilidade de criar e fazer maldades e bondades sem limites, apenas jogando expressões de grandeza ou execrando alguém. Segundo, porque essas definições precárias dão à bênção e à maldição poderes autônomos de se concretizarem nas vidas das pessoas. Terceiro, porque traz a funesta tendência de se pensar que para abençoar é só proferir palavras de grandeza sobre alguém e amaldiçoar significa fazer apenas o inverso. Ora, não se abençoa alguém apenas com expressões de otimismo e bondade. Abençoa-se uma pessoa ensinando-lhe um viver mais próximo do Senhor. Também não se amaldiçoa com execração, mas levando as pessoas a rejeitarem a Deus, fonte de bênção.

Maldição não é um dizer profético negativo sobre alguém. Porque isso significaria dizer que qualquer ser humano tem poderes ilimitados para amaldiçoar e para abençoar, o que é um grande disparate teológico.

Para definir corretamente as palavras "bênção" e "maldição", não emitindo conjecturas e ilações sobre o assunto em pauta, precisamos recorrer à Palavra de Deus. No Antigo Testamento, há pelo menos duas expressões que interpretam e definem objetivamente a palavra "maldição":

A primeira é "anátema" (em hebraico *herem*), que significa ser "proibido", "subtraído" do uso comum e profano. O Antigo Testamento conhece três tipos de herem:

1. O *herem* como promessa, pela qual o homem consagra alguma coisa a Deus. Tudo o que pode ser objeto de promessa pode cair sob esse herem (Lv 27.28; Nm 18.19; Ez 44.29). Anátema aqui não tem sentido negativo.

2. O *herem* como medida militar. Consistia na consagração da presa — às vezes de toda a presa junto com o território conquistado — a Deus, para assim obter a sua ajuda no combate.

3. O *herem* como castigo divino, sobretudo pela idolatria, aplicado a indivíduos (Êx 22.19; Lv 27.29) e a cidades inteiras (Dt 13.13-19).

4. No judaísmo posterior, o anátema da sinagoga era uma pena que excluía a pessoa, temporária ou definitivamente, da participação do culto religioso.

A segunda é a palavra *arirah* que diz respeito à deprecação, usada algumas vezes até como oração. Na Septuaginta, seu uso comum vem associado ao ato de praguejar ou murmurar (Rm 3.14).

No Novo Testamento, há duas expressões mais comuns para maldição: "anátema" e *katara*.

"Anátema" (*ana/qhma*) é muito usada, tanto nos evangelhos como nas epístolas paulinas. Algumas vezes aparece com o sentido de: a) castigo (At 23.14); b) separação de Deus (Rm 9.3; 1 Co 12.3; Gl 1.8,9).

Katara (*ka/tara*) já significa "execrar", ou seja, jogar uma imprecação sobre outra pessoa.

A melhor definição para a palavra "maldição" é uma sentença que vem da quebra da lei moral de Deus.

Quando Deus pronuncia uma maldição, isto é, em primeiro lugar, uma denúncia contra o pecado (Nm 5.21,33; Dt 29.19,20). Em segundo lugar, a maldição é o julgamento de Deus contra o pecado (Nm 5.22,24,27; Is 24.6). Terceiro, a pessoa que está sofrendo as conseqüências do pecado, por motivo do julgamento de Deus, é chamada de maldição (Nm 5.21,27; Jr 29.18).

A repetição das bênçãos e das maldições nos montes Gerizim e Ebal revela o mesmo ponto de vista dinâmico sobre a maldição (Dt 27.11; Js 8.23).

Deuteronômio 29.12 chama a aliança de Deus de maldição por causa da relação entre obediência e bênção, e entre desobediência e maldição. Por isso, em Zacarias 5.3, o Decálogo é chamado de maldição. Isso porque a palavra da graça de Deus e a palavra da sua indignação são a mesma palavra, pois a palavra que promete vida é tão-somente um cheiro de morte e julgamento para os rebeldes, sendo, portanto, uma maldição.

Assentado isso, concluímos que a idéia de ver a palavra como uma entidade sobrenatural que faz as coisas acontecerem consiste num absoluto equívoco bíblico.

Segundo as Sagradas Escrituras, a palavra "maldição" vem sempre associada ao juízo moral de Deus sobre os desobedientes. Nunca aparece como resultado de uma praga proferida por alguém e, dependendo do contexto em que a palavra maldição aparece, ela tem significados diferentes. Porém, jamais consistirá numa palavra carregada de autoridade ou de um poder sobrenatural que faz com que as coisas aconteçam, tendendo a passar de geração a geração.

O que está ocorrendo realmente é a confusão do juízo (maldição) de Deus, que já foi cancelado pela morte expiatória de Jesus Cristo no Calvário, com fetiches humanos resultantes de superstição — o que é bem diferente.

CAPÍTULO CINCO

EVIDÊNCIAS BÍBLICAS DO FALSO ENSINO ACERCA DA MALDIÇÃO HEREDITÁRIA

Tem muita gente certa de que a Bíblia apóia o ensino acerca da maldição hereditária, ou seja, que o pecado de uma pessoa vai se transferindo para outra, em família, numa linha congênita interminável. E até mesmo um cristão precisa de oração de desligamento para poder se livrar dos espíritos familiares que lhe prendem. Conquanto esse tipo de ensino tenha tido uma aceitação fora do comum no meio evangélico e se tornado tema de uma vasta literatura, as evidências bíblicas se exacerbam diante de nós, provando-nos totalmente o contrário.

Analisemos alguns textos da Palavra de Deus que, freqüentemente, são interpretados de forma distorcida, criando expectativas inexistentes.

> Não te encurvarás a elas nem as servirás; porque eu, o Senhor, teu Deus, sou Deus zeloso, que visito a maldade dos pais nos filhos até à terceira e quarta geração daqueles que me aborrecem e faço misericórdia em milhares aos que me amam e guardam os meus mandamentos (Êx 20.5,6).

Nota-se que o texto mais utilizado pelos propagadores da maldição hereditária e sobre o qual eles se baseiam é o mesmo texto que derruba a sua teoria. Analisemos:

1. O texto não está falando da extensão do juízo divino, mas sim de sua durabilidade, ou seja, sempre que houver necessidade de juízo, haverá juízo. Assim como a misericórdia de Deus sempre se manifestará na vida dos fiéis.

2. O texto supra está asseverando, categórica e determinantemente, que é Deus quem amaldiçoa — julga — aqueles que praticam atos abomináveis contra a sua lei, e não o homem com palavras de imprecações, de modo que é totalmente absurda a idéia que interpreta uma maldição como sendo algo produzido por palavras humanas.

3. O texto deixa mais do que claro que o juízo de Deus só cai sobre os transgressores da Lei, enquanto transgressores, pois, ao deixarem de sê-lo — o que só é possível através de expiação do sangue de Jesus —, deixam de estar sob a punição de Deus. Logo, deixam de ser amaldiçoados, como está escrito em Romanos 8.1:

> Portanto, agora, nenhuma condenação há para os que estão em Cristo Jesus.

4. A maldição a que o texto se refere trata-se do juízo da Lei sobre os desobedientes. O texto não está aludindo absolutamente à maldição congênita, mas ao fato de que a desobediência impertinente, persistente e impenitente é sempre razão para o juízo de Deus, apareça ela onde aparecer e em qualquer geração. Assim como a obediência será sempre motivo para a misericórdia de Deus se manifestar.

Não podemos nos esquecer de que sob a Lei todos os homens estão condenados, mas sob a graça todos podem ser salvos.

Pasma-me o comportamento daqueles que andam de igreja em igreja fazendo desligamentos aqui e ali em pessoas que, supostamente, pensam estar debaixo de uma dessas maldições hereditárias — por acharem que há algo de errado com o seu temperamento.

Ora, convenhamos, se a maldição a que o texto se refere trata-se do juízo sobre aqueles que transgridem a lei, pergunto: de que forma uma oração de desligamento pode cancelar uma maldição divina? E mais: como uma regressão pode livrar uma pessoa que está debaixo de juízo da lei de Deus?

A conclusão, com base na Bíblia, é que essa prática é uma temeridade.

5. O texto de Êxodo não associa o juízo de Deus à possessão demoníaca, embora tenhamos a absoluta consciência de que isso eventualmente possa até acontecer na vida de quem vive em desobediência. Mas ela não tem nada a ver com possessão demoníaca. Pelo contrário, fala do juízo de Deus previsto sobre os que desobedecem à Lei.

Outra coisa é que a maior e mais terrível maldição prevista para os transgressores da Lei não é a possessão demoníaca, mas a morte (Rm 8.1,2; Ef 2.1,2).

6. O contexto global da Bíblia nos informa sobre um Deus que não faz acepção de pessoas nem se regozija na miséria humana. Antes, ordena que todos os homens se arrependam, para que Ele os cure (At 17.30).

A Bíblia afirma também que Deus não condena a todos por causa do erro de um. Assim pontifica o profeta:

> Mas dizeis: Por que não levará o filho a maldade do pai? Porque o filho fez juízo e justiça, e guardou todos os meus estatutos, e os praticou, por isso, certamente viverá. A alma que pecar, essa morrerá; o filho não levará a maldade do

> pai, nem o pai levará a maldade do filho; a justiça do justo ficará sobre ele (Ez 18.19,20).

Segundo a Bíblia, cada homem é responsável pelas suas próprias atitudes:

> De maneira que cada um de nós dará conta de si mesmo a Deus (Rm 14.12).

7. Interpretar o juízo divino como se fosse uma maldição hereditária e ficar "desligando" pessoas é não entender nada sobre a extensão do sacrifício de Jesus na cruz e os dois grandes milagres a ele associados, em razão dos quais toda a maldição da Lei que era contra nós foi cancelada.

Assim a Bíblia declara:

> E, quando vós estáveis mortos nos pecados e na incircuncisão da vossa carne, vos vivificou juntamente com ele, perdoando-vos todas as ofensas; havendo riscado a cédula que era contra nós nas suas ordenanças, a qual de alguma maneira nos era contrária, e a tirou do meio de nós, cravando-a na cruz. E, despojando os principados e potestades, os expôs publicamente e deles triunfou em si mesmo (Cl 2.13-15).

Em primeiro lugar, a Palavra de Deus esclarece que Jesus Cristo resolveu, de uma vez por todas, todo o problema da culpa humana. Não compreender isso é cair novamente nas mãos dos gurus, das cartomantes, dos adivinhos, agora também vestidos de evangélicos.

Mas aqueles que seduzem o povo de Deus para que acredite que precisa, mesmo depois de perdoado por Jesus Cristo, de um "desligamentozinho" aqui, de uma "regressãozinha" ali e de um "soprozinho" acolá estão desmerecendo a morte vicária de Jesus Cristo, que foi a obra perfeita, completa e final de Deus para resolver, em definitivo, o problema da culpa humana.

Quanto à salvação que, historicamente, ainda é incompleta, apenas ressalvamos a verdade que é Jesus Cristo o alvo, o paradigma e o protótipo permanente do nosso crescimento.

O que estou tentando dizer é que, conquanto metafisicamente aos olhos de Deus sejamos uma obra acabada, pelo fato de sua graça nos fazer totais a seus olhos, historicamente, porém, ainda estamos a caminho dessa perfeição.

Através de um processo histórico bem dinâmico de conhecimento de Deus mediante Jesus Cristo, o nosso parâmetro de vida, vamos alcançando a maturidade e uma salvação, historicamente falando, totalizadora. Isso é evoluir; também é crescimento e desenvolvimento cristão. O resto significa apelar.

Aliás, as práticas cristãs apelativas vêm desviando as pessoas do principal alvo do seu crescimento espiritual — Jesus Cristo — para um tipo de vida cristã simplificada. Não podemos simplificar a vida cristã, reduzindo-a a orações de exorcismos de supostas maldições, orações de desligamento, cura interior, repouso espiritual etc., porque tudo isso descaracteriza os ensinamentos de Jesus nos evangelhos sobre a seriedade, a responsabilidade e a maturidade de um viver diário, contínuo e regular de comunhão com Deus.

O mais grave disso tudo é fazer as pessoas acreditarem que, agindo dessa forma simplificada, resolverão os seus problemas nas áreas de temperamento, relacionamento e caráter, tornando-se mais humanas, maduras, equilibradas, solidárias, enfim, cristãs de verdade. Ora, convenhamos, não é assim que as coisas acontecem. Segundo os ensinamentos bíblicos, a maturidade cristã é atingida através de um viver diário e contínuo de sucessivas e constantes experiências na presença de Deus, tendo como meta principal ser o que Jesus foi e assemelhar-se a Ele em todos os seus caminhos. Assim João, o último apóstolo, assevera:

> Aquele que diz que está nele também deve andar como ele andou (1 Jo 2.6).

Em segundo lugar, a Bíblia diz em Colossenses 1.15 que Jesus não somente resolveu o problema da culpa humana como também nos libertou de todos os poderes pneumáticos, mediúnicos e infernais.

O versículo 15 fala basicamente sobre duas coisas que advêm da morte vicária de Jesus na cruz. Primeiro, o texto diz que Deus desarmou as forças espirituais malignas que hostilizavam os seres humanos. Segundo, o texto esclarece o fato de que Deus fez das forças malignas um espetáculo público. A cruz de Cristo se transformou numa procissão militar sobre os poderes espirituais da maldade. Jesus Cristo os venceu e os expôs à vergonha da cruz.

Temo que a falta de compreensão sobre essa espetacular e definitiva vitória de Jesus no calvário sobre todas as forças malignas leve muitos cristãos, menos avisados, a supervalorizarem o diabo, ao invés de viverem intensamente esse esmagador triunfo do bem sobre o mal.

Demônios há, mas sua força foi plena e definitivamente quebrada pela cruz de Cristo, o nosso campeão. Por isso, João afirma:

> Sabemos que todo aquele que é nascido de Deus não peca; mas o que de Deus é gerado conserva-se a si mesmo, e o maligno não lhe toca (1 Jo 5.18).

Esse texto sagrado nos diz algumas coisas para as quais chamo a atenção do leitor. Primeiramente, o texto declara que *o cristão tem se emancipado do poder do pecado.* O que isso significa? Obviamente, não quer dizer que o cristão nunca mais peque ou que nunca mais seja alvo das investidas destruidoras de Satanás. Não é isso. O texto está asseverando que o salvo em Cristo já não é um escravo indefeso e vítima de pecado. Um cristão tem sempre a possibilidade de pecar, mas a sua disposição normal é a de resistir ao pecado. A diferença reside nisso.

Como os homens naturais que se resignam diante da sua derrota, o cristão é alguém que pode pecar, mas que nunca aceita o fato da derrota. Um santo, como alguém disse muito bem, "não é aquele que não peca, mas o que cada vez que peca se levanta e continua o seu caminho".

O texto segue dizendo que *o mérito do triunfo do cristão sobre o pecado é plenamente de Jesus*, aquEle que nasceu de Deus. O cristão tem um incansável inimigo, mas tem também um vigia que não dorme.

O versículo 19 assevera que o cristão está do lado de Deus contra o mundo que jaz no maligno.

A fonte do poder cristão contra o pecado é Deus, mas o mundo jaz no poder do maligno. A rigor, aqueles que não admitem a idéia de que por trás de todas as estruturas econômicas que promovem a miséria e de todo sistema que facilita a corrupção, a imoralidade, a violência, a riqueza ilícita e as distorções morais mais acentuadas está o maligno terão sérios problemas para enfrentá-lo. Porquanto, se o fato de admiti-lo neuroticamente é ruim, não admiti-lo é muito pior.

> Não vos voltareis para os que têm espíritos familiares, para serdes contaminados por eles. Eu sou o Senhor. E a alma que se voltar para os espíritos familiares, eu me voltarei contra ela, e a eliminarei do meio do meu povo (Lv 19.31; 20.6).

Mesmo que a versão inglesa King James (ou do Rei Tiago) traga a expressão: "espíritos familiares" ao invés de "os que consultam os mortos nem para os feiticeiros", isso não dá direito a nenhum intérprete, por mais bem intencionado que seja, de fazer a Bíblia dizer o que ela jamais disse.

Os dois textos citados em Levítico não estão falando da possibilidade de que a adivinhação, a consulta aos mortos e a feitiçaria passem de geração a geração. O primeiro texto fala tão-somente de algumas leis já proferidas e que agora ganham forma de reiteração divina, para que o povo não se contamine com as práticas abomináveis das outras nações ao seu redor, porque Deus os chamou para serem diferentes dos outros povos, em termos de vida, atitudes e comportamentos. O segundo texto, no entanto, já salienta a questão das diversas penas que Deus instituiu para punir os que, porventura, desobedecessem aos seus mandamentos.

> Como o pássaro no seu vaguear, e como a andorinha no seu vôo, assim a maldição sem causa não virá (Pv 26.2).

Por falta de explicação exegética coerente, a utilização desse versículo tem sido a causa de muitas neuroses no meio evangélico. Por exemplo, citar esse texto numa mensagem sobre bênção e maldição e não interpretá-lo a partir de uma perspectiva equilibrada é levar as pessoas a imaginarem que qualquer situação que lhes seja desfavorável pode tratar-se de uma maldição; é criar expectativas teológicas legalistas, como aquelas que admitem que só os bons, ou seja, os cumpridores da lei de Deus, são merecedores de bênçãos; é trazer de volta o velho e mesquinho ensinamento teológico, abolido por Jesus no Novo Testamento, que interpretava os sinistros, as enfermidades, as perdas, os danos, enfim, qualquer insucesso na vida, como sendo resultado direto de uma maldição.

Lembre-se o leitor de que foi assim que agiram os "amigos" de Jó, os quais não deixaram por menos, nem perderam a chance de acusá-lo como culpado por todo mal que lhe sobreveio. Evidentemente que não descartamos a possibilidade de alguém estar sofrendo por causa de atitudes incoerentes cometidas ao longo de sua existência. Mas devo lembrar o leitor que só o fato de alguém "adoecer" por achar que está cometendo alguma transgressão diante de Deus é comprovado sinal de que não está sob maldição, e muito menos sob maldição divina.

Hoje, depois do advento de Cristo, não há mais lugar para esse tipo de expectativa, ou seja, se uma palavra de maldição pega ou não, pelo fato de o Novo Testamento não se preocupar mais com aquele que é praguejado, mas sim, com aquele que, movido pelo ódio, quer ver o mal do seu próximo, pois segundo os ensinos de Jesus no Novo Testamento, tal atitude vem sempre de um coração azedo e envenenado pelo ódio, o que é absolutamente anticristão (Mt 5.43-48).

A GENEALOGIA DE JESUS

Não há estudo mais claro e definitivo na Bíblia, para mostrar o equívoco da teoria da maldição hereditária do que o da genealogia de Jesus, que nos livra das concepções mais fatídicas e pessimistas sobre a vida. Concepções estas que, na maioria das vezes, levam-nos a viver uma "antivida", pelo fato de concebermos a sofrível idéia de que somos fruto de um destino cruel, implacável e irremovível. No entanto, o estudo da genealogia de Jesus exibe inquestionáveis evidências sobre o fato de que ninguém pode diagnosticar o que alguém vai se tornar, em razão de ser oriundo de uma linhagem de pervertidos, pois, não obstante termos consciência da forte influência que o meio exerce sobre uma pessoa, isso não determina o seu destino. Além disso, segundo a genealogia de Jesus, as coisas não ocorrem assim. Não é porque o avô foi ladrão que o neto terá de sê-lo. Por exemplo, o afamado rei Davi veio de uma linhagem escusa, que tinha no seu meio uma prostituta, mas nem por isso ele deixou de ser um homem segundo o coração de Deus. Por outro lado, o mesmo estudo mostra que o inverso também é verdade, ou seja, alguém que é oriundo de uma ascendência de pessoas boas e éticas pode se tornar um abominável pecador, como foi o caso de Manassés, filho de Ezequias. Mesmo tendo sido filho de um pai temente a Deus, de um caráter ilibado, Manassés tornou-se um monstro, a figura mais trágica da história dos reis de Judá e Israel. Por último, dando continuidade ao estudo, temos José e Maria, os pais terrenos de Jesus, os quais, segundo a teoria da maldição hereditária, deveriam ser pessoas exacerbadamente malignas, pois vieram de uma ascendência extremamente complicada. Tal fato, como todos sabem, não ocorreu. O golpe de misericórdia sobre os propagadores da maldição hereditária é dado pelo próprio Filho de Deus, que é o último da lista.

Penso que a teoria da maldição hereditária deve ser toda repensada. Primeiro, porque não é bíblica. Segundo, porque é extremamente contraditória. Terceiro, porque assemelha-se muito à doutrina espírita da reencarnação, que diz ser o sofrimento sempre resultado do pecado alheio. Quarto, porque se a tese da maldição hereditária fosse verdadeira, Maria jamais poderia ser a mãe do Filho de Deus, porque parte da sua árvore genealógica era terrivelmente contaminada.

CAPÍTULO SEIS

CONFUNDINDO O HUMANO COM O ESPIRITUAL

Estamos trocando os nomes dos bois. O que é acidente de percurso da natureza humana pervertida pelo pecado, estamos chamando de "espírito". Desse modo, o que é comprovadamente "espírito" diagnosticamos como humano. Essa é uma das razões por que há tantos absurdos em nosso meio e pouca revelação divina.

Há vários equívocos cometidos pelos divulgadores da maldição hereditária, dentre os quais podemos destacar: chamar maus-tratos psicológicos impingidos pelos pais aos filhos de maldição relacional; complexo de inferioridade de maldição imposta a si mesmo; superstição de maldição planejada; encantamento de maldição hereditária.

Outra coisa importante a destacar é que os intérpretes da maldição hereditária apregoam que doenças comprovadamente congênitas são provenientes de maldição hereditária e precisam ser quebradas. No entanto, é fácil derrubar esse falso argumento, porque há pessoas extremamente perversas, iníquas, mas que gozam de uma saúde de ferro, enquanto há cristãos fiéis e tementes a Deus vivendo às voltas com doenças incuráveis, como por exemplo, o espinho na carne de Paulo (2 Co 12).

Embora seja evidente os desvios teológicos implementados pelos pregadores da maldição hereditária, vamos analisar uma a uma essas supostas maldições, objetivando ajudar pessoas que se sentem profundamente perturbadas, tensas, ensimesmadas e deprimidas com a possibilidade de estarem vivendo debaixo de uma dessas maldições.

MALDIÇÃO DE RELACIONAMENTO OU MAUS-TRATOS PSICOLÓGICOS?

Interpretar os traumas humanos como efeitos de uma maldição lançada por uma pai em momento de tensão e desequilíbrio emocional é pura temeridade e grotesca superstição.

Estou convicto de que as palavras exercem uma influência muito grande sobre a vida das pessoas. Sem sombra de dúvida, algumas pessoas são mais afetadas do que outras. Por exemplo, um pai que diz *constantemente* para um filho que ele não presta, não vale nada e que jamais será alguém na vida trará traumas irreparáveis à vida de seu filho. Isso é como desfazer o mundo psicológico de alguém e levar todos os seus valores pessoais, sentimentais e emocionais à falência. No entanto, na vida de alguns elementos, isso também pode soar como desafio, que serve para motivá-los a lutar para provarem que os pais estavam errados. Seja como for, é sempre bom reparar naquilo que estamos dizendo aos nossos filhos. Agora, coisa bem diferente é um pai, em meio a uma discussão exaltada, dizer palavras duras e ferinas a um filho. Ora, qualquer filho sabe muito bem o pai que tem, e não será uma palavra de reprimenda que vai torná-lo melhor ou pior do que já é.

De fato, temos que tomar muito cuidado com o que falamos para os nossos filhos, mas dizer que uma palavra proferida fora de hora pode amaldiçoar uma criança é absurdo e superstição. Primeiro, um pai que amaldiçoa um filho com palavras, desejando que isso realmente aconteça, não tem classificação. Segundo, nenhum pai, em sã consciência, deseja o mal do filho. Terceiro, a Bíblia não se preocupa muito com quem é amaldiçoado, mas com aquele que amaldiçoa; isso porque a preocupação bíblica não reside no fato de uma maldição pegar ou não, mas sim, na reação colérica da pessoa que desencadeia a vontade de destruir.

MALDIÇÃO IMPOSTA A SI MESMO OU COMPLEXO DE INFERIORIDADE?

O velho complexo vem sendo, há tempo, o causador da destruição psicológica de muita gente.

São milhares de pessoas que vivem debaixo de profundas melancolias, desgastadas pelos mais variados complexos. É gente que não sabe pensar no melhor, mas sempre no pior em relação a si mesma. Não consegue ser feliz com o que tem, porquanto é intimamente infeliz, deixando-se complicar por coisas pequenas, verdadeiras besteiras, devido à própria neurose.

Uma pessoa complexada vive constantemente no limiar do desespero, pois é o ser humano mais difícil de se conviver e o mais fácil de se odiar. Todavia, está muito longe de ser verdade dizer que complexo é maldição. Primeiro, porque todo ser humano — alguns menos, outros mais — tem complexos. Segundo, porque um gordo ou um magro não desejar ser o que é — faz parte da vida —, porque ninguém é de ferro. Terceiro, porque complexo não se tira expulsando demônios imaginários ou pensando que é resultado de alguma palavra que, por ser repetida várias vezes, tornou-se numa maldição, mas entendendo que beleza, estética e altura nunca foram os elementos essenciais para se obter a felicidade, não obstante sejam fatores bem apreciáveis na vida de quem já é feliz.

É óbvio que alguém que vive se depreciando todo o tempo terá muitas dificuldades em deixar de ser o que pensa. Mas isso não quer dizer que a autoflagelação psicológica impingida por palavras possa se tornar uma maldição irreversível e fatídica.

São muitos os fatores que levam uma pessoa a deixar-se vencer por causa do seu nariz grande, sua gordura, seu cabelo crespo, sua dentadura ou sua estatura anã. Porém, não é apenas isso. Se assim fosse, não haveria lugar no planeta para enterrar tantos suicidas. Ora, qual é a pessoa que não tem um complexo na sua história pessoal? E quem é que não gostaria de mudar alguma coisa no seu corpo?

MALDIÇÃO PLANEJADA OU SUPERSTIÇÃO?

É assustadora a maneira como a sociedade brasileira, na sua maioria, está atolada nas práticas mais abjetas de magia negra, sempre planejando mal para o próximo, principalmente se este for alvo do seu ciúme, da sua inveja, do seu despeito e do seu desejo de vingança.

O Brasil é um dos únicos países do mundo onde se gastam verdadeiras fortunas para se fazer o mal. O que as pessoas gastam para realizar "trabalhos" contra alguém ou desfazê-los é algo inimaginável. Não há barreiras nem distância. O que o pai-de-santo mandar fazer, eles fazem e com precisão.

Há terreiros no Rio de Janeiro que desavergonhadamente colocam placas chamativas do tipo "fazemos e desfazemos trabalhos". Essa mensagem é suficiente para atrair multidões desesperadas e atormentadas pelo medo.

Na verdade, tudo começa quando uma pessoa recebe uma palavra de maldição ou descobre que há alguém planejando o seu mal. A partir daí, forma-se todo um quadro patético de fetiches e crendices em torno dela, levando-a a praticar toda sorte de rituais macabros para se ver livre da maldição que lhe foi lançada. O que gera tudo isso é, sem dúvida, a presença da velha superstição, ditando mais uma vez a regra do jogo entre o bem e o mal. Mas lutar contra o mal sob as regras da superstição é lutar contra si mesmo; é lutar contra o imaginário, o ilusório, resultante de crendices que muitas vezes fantasiam, aumentam e exageram uma situação; é comprometer-se, através do envolvimento com forças espirituais malignas da pior espécie.

Muita gente acredita incondicionalmente que uma maldição planejada é capaz de destruir por inteiro a vida de alguém. Por isso há pessoas que não medem esforços nem dinheiro para tornar a vida de seu adversário um inferno, combatendo fogo com fogo.

A cultura religiosa do medo vivida por milhões de brasileiros tem levado seus praticantes aos mais absurdos e exagerados envolvimentos satânicos. Aliás, para se obter respostas mais eficazes contra um adversário, pratica-se os rituais mais perversos e hediondos, numa total desumanização e irracionalidade.

A rigor, as pessoas que são atraídas por esse tipo de prática religiosa pervertida não atinam para o perigo de se tornarem possuídas por demônios cruéis e violentos, como resultado do seu envolvimento. O que estou tentando esclarecer é que, à luz das Escrituras, nenhuma maldição planejada nos porões mais profundos da magia negra tem o poder de influenciar o destino de quem quer que seja, senão o daqueles que, supersticiosamente, são induzidos ao receio de falsos deveres e à confiança em coisas ineficazes. Nesses casos, o perigo não é o de quem recebe a maldição, mas o de quem, para amaldiçoar, recorre a todas as formas de envolvimento espiritual, de modo que depois se torna subserviente de espíritos maus e de entidades espirituais diabólicas, que transformam a vida humana num tormento.

O que pega, portanto, não é a maldição proferida, mas a crendice, que faz a pessoa acreditar que está sob maldição.

CAPÍTULO SETE

EQUÍVOCOS NO ENSINO SOBRE MALDIÇÃO HEREDITÁRIA

Em pelo menos quatro situações distintas, a teoria da maldição hereditária se equivoca, isto para não dizer que seus adeptos estão indo muito além do limite dado àqueles que interpretam a Palavra de Deus. Analisemos:

1. Equivoca-se porque confunde maldição hereditária com pecado.

O leitor deve recordar que uma maldição é uma sentença que vem da quebra da lei moral de Deus; isso porque toda maldição é resultado do pecado — um mal que a palavra não cria. Isso posto, não é a maldição proferida que gera o pecado, mas o pecado que gera a maldição, de modo que está absolutamente equivocada a idéia que as palavras criam maldição.

2. Equivoca-se, porque confunde feitiço com conseqüência de pecados cometidos.

O que os ensinadores dessa herética teoria aventam é que acordos e pactos feitos pelos nossos ascendentes se transmitem aos filhos de forma automática. Absolutamente. O que é passado para as gerações seguintes é a conseqüência dos pecados praticados pelos antepassados — o que é algo bem diferente, ou seja, ninguém nasce sob "encantamento" de uma maldição resultante de uma aliança feita por um antepassado distante. Isso é kardecismo.

De fato, uma criança nascida em um lar de pessoas extremamente desregradas e dadas a todo tipo de deformação moral terá, como conseqüência, um caráter moldado pessimamente. Mas daí achar que alguém assim está sob o encantamento de seus pais é pura temeridade.

Segundo Êxodo 20.5, nem a maldição nem a bênção se transmitem automaticamente, mas acontece como resultado exclusivo da experiência pessoal que cada um tem em relação à obediência e à desobediência às leis morais de Deus. Isso significa que se uma pessoa está debaixo das conseqüências do pecado de seus ancestrais e deseja reverter tal situação basta aproximar-se de Deus, mediante Jesus Cristo, e pedir-lhe perdão dos seus próprios pecados. A melhor atitude a tomar nesses casos não é transferir a culpa para os pais, como fez o povo de Israel depois da destruição de Jerusalém pelos babilônios:

> Nossos pais pecaram e já não existem; nós levamos as suas maldades (Lm 5.7).

Mas cada um devia assumir a responsabilidade pelos seus próprios erros. Assim disse o profeta Jeremias:

> De que se queixa, pois, o homem vivente? Queixe-se cada um dos seus pecados (Lm 3.39).

3. Equivoca-se porque confunde paixões humanas com ações diabólicas.

Os ensinadores de maldição hereditária insistem em interpretar a natureza humana pecaminosa como sendo uma ação direta do diabo. Mas a natureza humana corrompida é conseqüência exclusiva dos pecados pessoais de cada ser humano ao longo de sua existência, e não o resultado de um encantamento lançado sobre alguma família, através de palavras. Por esse equívoco é que tanta gente vive expulsando demônios imaginários de pessoas que não fazem nada para mudar de vida. Vão à frente dos púlpitos de suas igrejas para serem oradas em reuniões de desligamentos, apenas para justificarem sua religiosidade. Todavia, intimamente, não desejam nenhum tipo de transformação.

4. Equivoca-se porque confunde língua perversa com feitiço.

Tiago nos adverte que a língua pode se transformar num instrumento de perversidade e destruição. A língua é vista na figura de um fogo incontrolável que devasta toda uma floresta (Tg 3.5,6).

Ora, convenhamos, não é lançando feitiço sobre alguém que a língua se torna maldita, mas sim quando detrata, blasfema, faz intriga, calunia, difama, mente e dá falso testemunho.

Agora, o que a língua jamais será é um instrumento de encantamentos que enfeitiça e amaldiçoa pessoas, porque as palavras em si não têm poder e não são entidades autônomas para abençoar e amaldiçoar.

OS OBJETOS PODEM SER REPOSITÓRIOS DE BÊNÇÃO OU MALDIÇÃO?

Os objetos não são repositórios de bênção ou maldição, porque não têm nenhum poder em si mesmos. São neutros. Todavia, podem se tornar malditos ou benditos, dependendo da sua utilização e da relação de dependência e subserviência do seu usuário.

Imagine se levássemos a sério o raciocínio dos divulgadores de maldição hereditária, jamais tocaríamos qualquer instrumento de percussão na igreja, pelo fato de serem também utilizados em outras formas de culto (Tt 1.15).

É óbvio que não vamos colocar dentro de nossas casas objetos estranhos e de procedência comprovadamente duvidosa, porém imaginar que tudo seja símbolo maldito é neurose e fanatismo.

GEOGRAFIA MALDITA

A neurose das maldições vai longe. O que tem de gente fazendo apelo nas igrejas para que se faça orações exorcistas por um banheiro barulhento, um quarto cheirando a morte, uma cozinha depressiva ou um quintal supostamente amaldiçoado não é brincadeira.

Mas o problema da maldição geográfica está na divisão que se faz do mundo. Quando se divide os lugares em santos e profanos, cria-se uma topografia maldita de proporções inimagináveis.

Tempos atrás, chegou ao meu conhecimento que um grupo de cristãos fanatizados estava desenterrando "cabeça de jumento" em terrenos abandonados para desligar pessoas de suas pseudomaldições. Isso não é nada comparado com o ensinamento bizarro de uma suposta maldição federal lançada pelos índios e negros sobre o Brasil.

Faz algum tempo que houve em Brasília, Distrito Federal, um congresso de grande repercussão sobre maldição federal, onde se ensinou que o Brasil só deixaria de ser amaldiçoado quando a igreja pedisse perdão a Deus pelos índios que tiveram as suas terras saqueadas pelos nossos ancestrais e pelos negros que, à época da escravidão, foram vilipendiados pelos senhores de engenho.

A meu ver, trata-se de um ensinamento tão descaracterizado em termos bíblicos que dispensa qualquer comentário.

Só gostaria de lembrar ao leitor, por desencargo de consciência, que toda a terra e a sua plenitude pertencem a Deus. Além disso, essa interpretação equivocada incentiva a igreja a ter que pedir perdão a começar pelos sumerianos da antiga Mesopotâmia. Isso é absurdo!

Felizmente, sobre essa questão Jesus nos deixou grande lição, ao se transfigurar no lugar, até então, considerado pelos judeus como o mais absurdamente maligno. Foi nesse lugar, desprezado e tido como amaldiçoado pelos religiosos da época, que o Filho de Deus se revelou em glória. Acredito que essa experiência vivida por Jesus é suficiente para lançar por terra todos os equívocos que vêm sendo praticados por muitos evangélicos.

Muitas vezes, nossa incapacidade de entender, a contento, o projeto cristão leva-nos a contaminá-lo com elementos estranhos, frutos de nossas paixões. Maldição hereditária é um desses frutos danosos.

Do exposto, termino esse arrazoado bíblico com as palavras do apóstolo Paulo:

> Cristo nos resgatou da maldição da lei, fazendo-se maldição por nós, porque está escrito: Maldito todo aquele que for pendurado no madeiro; para que a bênção de Abraão chegasse aos gentios por Jesus Cristo e para que, pela fé, nós recebamos a promessa do Espírito (Gl 3.13,14).

INTERPRETAÇÃO DO TEXTO

Para facilitar o aprendizado, trazemos a lume uma série de questões que foram abordadas e analisadas pelo autor deste livro.

O leitor deve, para melhor aproveitamento do que acabou de ler, fazer uma detida reflexão sobre cada pergunta apresentada, a fim de desenvolver também um senso de apercebimento das informações pretendidas pelo autor.

Tudo dependerá exclusivamente do leitor e do seu desejo de saber mais para poder ajudar pessoas que estejam presas a uma maldição que lhe foi verbalizada.

Este estudo deve ser feito, se possível, em reuniões domésticas, grupos de vida, congregações familiares, enfim, em qualquer lugar onde o povo, sob supervisão pastoral, reúne-se para estudar a Palavra de Deus, com vistas a descobrir sua vontade.

1. Quais os motivos que levaram o autor a escrever sobre este tema?

2. Segundo o autor, como freqüentemente agem os ensinadores de maldição hereditária?

3. O que o autor quer dizer, quando fala de "erro essencial"?

4. Se uma maldição não é um dizer profético negativo sobre alguém, o que é?

5. Em sua opinião, o que é um anátema?

6. Segundo o autor, uma maldição vem sempre associada ao juízo moral de Deus sobre os desobedientes, mas nunca aparece como resultado de uma praga proferida por alguém. O que o autor quer dizer com isso?

7. Na sua opinião, qual a confusão que muita gente faz quanto à questão da maldição?

8. Qual o erro de discernimento que o autor comenta?

9. Por que Deus tolerava a superstição no meio do seu povo?

10. Cite algumas das superstições praticadas pelo povo evangélico na atualidade?

11. Como você avalia o ato de uma pessoa praticar a superstição, mesmo sendo evangélica?

12. Quando as pessoas começam a deixar as práticas supersticiosas?

13. Como você avalia a evolução pela qual todos nós temos que passar, em termos de conhecimento de Deus, para que possamos nos livrar de práticas supersticiosas que, muitas vezes, fazem parte da nossa própria cultura?

14. O que é uma maldição proferida sob tom profético?

15. Dê algumas evidências bíblicas incontestáveis do falso ensino acerca de maldição hereditária?

____

____

____

16. Baseando-se na genealogia de Jesus, o autor conclui que a tese que o pecado de um pai pode se manifestar na vida de um filho é absolutamente falsa. Por quê?

____

____

____

17. Do que o autor realmente está falando quando comenta sobre a confusão que comumente se faz entre o divino e o humano?

____

____

____